QUESTIONS ACTUELLES

I

LA QUATRIÈME DYNASTIE

PARIS

IMPRIMERIE DE L. TINTERLIN ET Cᵉ

RUE NEUVE-DES-BONS-ENFANTS, 3

QUESTIONS ACTUELLES

LA
QUATRIÈME DYNASTIE

PAR

M. HIPPOLYTE CASTILLE

PARIS
E. DENTU, LIBRAIRE-ÉDITEUR
GALERIE D'ORLÉANS, 13 ET 17, PALAIS-ROYAL

1861

QUESTIONS ACTUELLES

LA QUATRIÈME DYNASTIE

I

Le second Empire vivra bientôt de dix ans d'histoire.

Il lui a fallu dix ans pour régler la pratique du nouveau pacte constitutionnel, dix ans de travail législatif, administratif et financier. Et, pour accomplir cette tâche, on peut dire que le gouvernement impérial n'a manqué ni de légistes, ni d'hommes d'affaires; mais on peut affirmer en même temps que les intelligences d'une nature plus spéculative lui ont complétement fait défaut.

Autant les amis des gouvernements précédents ont pris de soin de rechercher en quoi ces gouvernements se rattachaient au passé et se posaient comme une indication de l'avenir, autant les amis du gouvernement actuel se sont montrés peu soucieux des principes. Absorbés les uns dans le désir de plaire, les autres dans celui de se rendre indispensables, ils ont fourni une génération de manipulateurs et de gens habiles, dont on est loin de nier les mérites, mais qui ont eu le tort de permettre aux légitimistes, aux orléanistes et aux républicains de se poser exclusivement en face du gouvernement impérial comme des hommes vertueux, obéissant en ce monde à une règle de conduite basée sur autre chose que sur la brutalité du fait, divisés politiquement, mais ayant tous trois des *doctrines* et des *principes*, et pouvant, par conséquent, regarder de haut les gens de pur expédient.

L'Empereur est peut-être le seul homme en Europe qui, dans diverses études, notamment dans les *Idées napoléoniennes*, ait recherché la raison d'être de l'avénement de sa race ailleurs que dans le simple empirisme dont se contentent la plupart des personnages qui se sont disputé l'honneur de le servir. Mais les heures que Dieu compte aux monarques ne sont point des heures ordinaires. Si le temps manque aux penseurs, combien ne doit-il pas manquer aux hommes d'action ! Au suprême sommet du pouvoir, l'esprit, frappé de tant d'impressions diverses, se divise entre mille objets. Ce n'est point aux princes, d'ailleurs, qu'il appartient de tracer l'interprétation de leur propre dynastie.

Sans autre mobile que l'intérêt de la patrie et celui que leur inspire la dynastie napoléonnienne, quelques publicistes, unis dans une pensée commune dont ces pages sont l'expression, ont pensé qu'ils pourraient dans cet ordre d'idées rendre au pays et à l'Empire un genre de service qu'on ne cherchera point à leur disputer. Tout en restant indépendants du gouvernement, puisque nous n'exerçons point de fonctions publiques, nous marquerons la distance qui nous sépare des anciens partis, et peut-être que cette situation même nous permettra d'émettre sur la situation des aperçus nouveaux.

II

Quoique cette simple note n'ait pas la prétention d'être un programme, on prie le lecteur de la considérer comme une indispensable introduction destinée à l'amener sur le terrain des questions courantes. Elle rompt avec les habitudes ordinaires de ce genre de publications. Les brochures, écrites sous l'impression du moment, entrent de prime-saut dans le vif de la question du jour; elles sont un reflet du parti qui les inspire, rarement une étude; elles passionnent plus qu'elles n'éclairent; elles brillent plus par l'éclat du style que par la profondeur de la pensée ou par l'originalité des aperçus.

Un sentiment purement consciencieux et réfléchi, plus désintéressé, s'il est possible, que celui qui guida jadis les membres de l'Institut lorsqu'ils essayèrent de combattre, au nom de la science officielle, les hérésies économiques des utopistes de 1848; un amour raisonné de ce que l'on croit le plus conforme au juste et au vrai, un besoin de revenir à l'unité au milieu des idées disparates qui sont en présence, un désir très-sincère d'apporter une pierre à l'édifice du second Empire, de constater sa légitimité, d'examiner de quelle façon il se pose au milieu du conflit des questions et des événements contemporains, et de quelle manière il peut les diriger dans un sens favorable aux destinées de l'Europe et à ses propres destinées, — tels sont les motifs qui ont inspiré ces notes. Écrites sans aucune espèce de préoccupations personnelles, elles conserveront ce caractère de désintéressement qui sera toujours cher aux vrais publicistes, parce qu'il dégage mieux l'idée de ses attaches individuelles.

Cette réserve faite, essayons de définir clairement notre point de vue.

III

Puisque nous prenons le parti de rompre avec les habitudes du jour, qu'il nous soit permis d'expliquer par quels motifs nous nous séparons des anciens partis, tant au point de vue politique qu'au point de vue religieux.

Les polémiques actuelles, tout le monde peut le constater, sont écrites sous l'influence de principes exclusivement traditionnels, ou sous l'inspiration de principes révolutionnaires entachés d'utopie et qui font abstraction de l'histoire.

Il existe un troisième parti, qui a la prétention de se poser en médiateur : ce parti, représenté par le *Journal des*

Débats, se dit modéré. Soit. Mais c'est là une affaire de forme : car on ne s'explique pas la raison philosophique d'un parti qui croirait posséder la vérité et ne la défendrait pas énergiquement. On se demande si les questions actuelles peuvent être résolues par ces écoles et si le public doit être éternellement condamné à n'entendre que des paroles de parti ou des paroles administratives.

Nous croyons que non, et nous essaierons de le démontrer.

IV

Lorsqu'on aspire à relever de quelque chose de plus haut que d'une consigne, on est implicitement sommé de dire sur quoi est fondée cette prétention. En ce qui nous concerne, le voici :

Selon nous, il existe un principe général qui peut servir de règle à tout mouvement politique et social : à savoir, que la vie sociale de l'humanité n'est qu'une série de transformations depuis la fondation des grands empires de l'antiquité jusqu'à la constitution actuelle des États en Europe et en Amérique.

Ce mouvement est tour à tour conservateur et révolutionnaire ; révolutionnaire à l'égard de ce qu'il est appelé à détruire, conservateur à l'égard de ce qu'il est appelé à conserver.

De là l'étrange combat des révolutionnaires et des conservateurs, qui, tous deux, ont à la fois tort et raison lorsqu'ils affirment que leur principe est éternel et qu'en lui seul est le salut de la société.

De ce qui précède, ne résulte-t-il pas que toute politique se proposant pour but le progrès devra suivre cette donnée fondamentale ? qu'elle devra se montrer tout ensemble révolutionnaire et conservatrice ; révolutionnaire, en éliminant les institutions surannées ; conservatrice, en défendant l'œuvre des transformations opérées ?

Pour qu'elle cessât d'être révolutionnaire, il faudrait que la série des transformations politiques et sociales fût épuisée.

Que si elle abdiquait, au contraire, son rôle conservateur pour céder à tous les entraînements révolutionnaires, elle compromettrait la civilisation et cesserait, par conséquent, d'être elle-même.

En effet, dans l'ordre social comme dans l'ordre scientifique, on doit considérer tout état antérieur comme un degré que l'esprit social a franchi pour s'élever à un degré supérieur. Or, ce mouvement de transition implique un temps ; cette période de gestation sociale, pendant laquelle l'idée nouvelle s'incarne et se développe à l'ombre des institutions établies, embrasse quelquefois des années, quelquefois des siècles ; mais si elle ébranle les institutions qui la protégent, elle retarde l'époque de son éclosion.

En fermant les églises et en substituant un moment au catholicisme les rites carnavalesques du culte de la raison, la Révolution française a compromis pour une longue suite d'années le progrès de nos institutions religieuses et préparé les conflits de l'Empire et de la Papauté au dix-neuvième siècle.

Toute politique progressive est donc à la fois conservatrice et révolutionnaire ; et l'on peut ajouter qu'elle est en cela d'accord avec la conscience publique, avec ce que l'on nomme le sens commun, l'opinion. L'opinion publique, en France, était révolutionnaire le 22 février 1848 ; elle était évidemment conservatrice le 26 juin de la même année et le 14 juin de l'année suivante.

L'opinion des partis, qui est fort différente de l'opinion publique ; l'opposition systématique, qui ne tient compte ni des limites de la révolution, ni de celles de la conservation, qui supprime le temps comme la Convention et les insurgés de juin ; qui ne tient pas compte des degrés franchis par l'esprit social, comme le parti légitimiste et clérical ; cette opposition des partis n'est, croyons-nous, fondée ni en principe, ni en fait.

V

Rien n'est plus facile à suivre sur la trame de l'histoire que ce principe d'une politique à la fois révolutionnaire et conservatrice, qui sert de règle au mouvement des sociétés. Les étapes sont marquées à chaque transformation du pouvoir et des fonctions, à toutes les vicissitudes économiques qui ont modifié les conditions de la propriété, du travail et des échanges. Le pouvoir souverain, la royauté, résume et reflète à elle seule ces transformations politiques et sociales en se transformant elle-même, et tantôt en prenant, tantôt en suivant l'initiative du mouvement rénovateur.

C'est là sa véritable mission, son vrai titre à la légitimité. Le roi est le *moi* social : quand il n'est pas cela, il n'est plus légitime. Le grand roi offrit évidemment le type de la monarchie ; c'est pourquoi vous le voyez devenir le héros d'une légende nationale.

Il suffit du plus sommaire examen de l'histoire de la France et de l'Europe, pour remarquer que les diverses phases de la civilisation occidentale aboutissent toutes à une transformation de la monarchie. Cette observation prend même, en s'élevant jusqu'à la hauteur de la philosophie de l'histoire, le caractère de l'énonciation d'une loi.

« Les nations passent successivement sous trois gouver-
« nements. La législation divine fonde la monarchie do-
« mestique et commence l'humanité; la législation aris-
« tocratique forme la cité et limite les abus de la force; la
« législation populaire consacre dans la société l'égalité ;
« la monarchie, enfin, doit arrêter l'anarchie et la corrup-
« tion publique qui l'a produite. » (Œuvres de Vico. *Discours sur le système*, XL, traduction de Michelet.)

La monarchie se trouve donc placée entre les révolutions du passé et celles de l'avenir ; c'est ainsi que Pascal représente l'homme suspendu entre ces deux grands infinis.

Il ne faut pas se le dissimuler, d'ailleurs, la monarchie, malgré son nom, est tout autre chose que la volonté d'un homme ; elle est la personnification de la souveraineté de droit, de cette volonté essentiellement raisonnable, éclairée, juste, impartiale, étrangère et supérieure à toutes les volontés individuelles, et qui, à ce titre, a le droit de les gouverner.

La monarchie convient à ces époques d'anarchie forte et féconde où la société aspire à se former, à se régler, et n'y sait point parvenir par le libre accord des volontés individuelles. Il y a d'autres époques où, par une cause contraire, elle a le même mérite. Pourquoi le monde romain, si près de se dissoudre à la fin de la République, a-t-il subsisté encore près de quinze siècles sous le nom de cet Empire qui n'a été, après tout, qu'une continuelle décadence, une longue agonie ? La monarchie seule a pu produire un tel résultat ; seule elle pouvait contenir une société que l'égoïsme (nous disons aujourd'hui l'individualisme) tendait sans cesse à détruire. (Voyez sur ces matières, Guizot, *Histoire de la civilisation en Europe*.)

VI

Nous avons dit que le mouvement social s'opérait par une politique à la fois conservatrice et révolutionnaire, conforme aux inspirations de la conscience publique, et dont les diverses phases sont marquées par des transformations du pouvoir monarchique. Les événements qui se sont passés en France depuis soixante-dix ans s'adaptent parfaitement à cette doctrine. Nos vicissitudes révolutionnaires, depuis 1789 jusqu'en 1852, ont abouti à trois transformations monarchiques, dont l'Empire est la dernière : Royauté de droit divin, Royauté constitutionnelle, République, Empire. Les efforts des anciens partis, depuis 1815 jusqu'en 1852, n'ont pu que ramener exactement la même série pour arriver au même résultat : Royauté de droit divin, Royauté constitutionnelle, République, Empire.

Nous avions donc quelque raison de dire, qu'en fait comme en principe, en particulier comme en général, l'opposition des partis n'est point fondée.

La quatrième dynastie avait donc une raison d'être. Cette raison d'être éclate avec infiniment de force et de logique dans le caractère à la fois conservateur et révolutionnaire de la politique napoléonienne.

A ceux qui nieraient la raison d'être de cette dynastie en se fondant sur ce qu'ils nomment usurpation ou non légitimité, on aurait le droit de répondre qu'un gouvernement qui trouve la raison de son existence dans une loi sociale et dans le développement historique de la civilisation d'un peuple, offre déjà un des caractères essentiels de la légitimité.

Selon nous, en effet, la légitimité n'est point un acte de foi et d'amour ; c'est une loi historique, constatée par la philosophie, confirmée par le sens commun.

Nous ne faisons donc nulle difficulté d'avouer que nous sommes aussi loin du fétichisme bonapartiste que du fétichisme légitimiste, orléaniste et républicain.

Pour nous, tout se résume en une doctrine.

Selon la philosophie moderne, l'État n'est autre chose que l'organisation visible de la raison sociale ; et les institutions ne sont que les appareils du développement collectif.

Nous considérons la monarchie comme une fonction héréditaire par la volonté nationale et non comme une propriété.

Nous appelons légitime le gouvernement qui, fort de cette sanction nationale, remplit sa mission et répond aux besoins de son temps : cette suffisance se constate par le fait même.

La République a été légitime en France à son origine ; Napoléon Ier l'a constaté en frappant la monnaie de la double empreinte de sa face et du symbole républicain.

Napoléon III l'a également constaté en traçant aux premières lignes d'un projet de constitution imprimé dans ses œuvres, ces mots caractéristiques : « X, Empereur de la République française. »

La République n'a cessé d'être légitime que parce qu'elle a failli à la première condition de toute légitimité, qui est de répondre aux besoins de son temps. Deux fois elle a été impuissante à garantir les intérêts nouveaux, et deux fois on l'a remplacée.

Ce que la République, deux fois conviée à la même

œuvre, n'a pu faire, la quatrième dynastie l'a accompli ou est en voie de l'accomplir. La République, en France, a été la forme première de la démocratie; l'Empire tend à en devenir la forme durable.

On voit qu'il ne s'agit ici ni de façonner un engin dynastique, ni de justifier les faits accomplis. Comprendre la loi qui a présidé à l'accomplissement des faits, ce n'est point justifier les faits accomplis; c'est les expliquer, — ce qui est fort différent.

VII

Examinons plus attentivement encore l'essence et l'origine de cette légitimité que l'on nous a offerte pendant si longtemps comme un phénomène divin interdit aux investigations de l'analyse historique et politique. Le droit divin a eu, on le sait, dans le parti légitimiste, un groupe de légistes qui furent, sous le dernier règne, les hiérophantes de cette petite Église. M. de La Rochejaquelein et les hommes consciencieux qui ne voulurent point s'associer à ces mystères, furent chassés de leur propre parti. Ils s'étaient, au surplus, appuyés sur la doctrine de l'appel au peuple ; conséquents avec eux-mêmes, ils durent s'incliner devant la volonté du peuple.

Au point où en est d'ailleurs la marche de l'esprit public, qui tend à réduire les conceptions complexes du passé aux formules les plus simples, la légitimité ne pouvait s'affirmer que par des principes clairs et dégagés du cortége des fictions mystiques et surnaturelles en usage aux époques où l'on gouvernait les masses ignorantes par l'obéissance à la foi et non par l'obéissance à la loi. Dieu sort donc du misérable conflit des affaires humaines. Et lorsque nous cherchons encore la manifestation de la volonté divine dans les actes humains, ce n'est plus dans la personne du monarque mais dans celle de la multitude que nous reconnaissons le signe de cette manifestation : *Vox populi, vox Dei.*

Le principe de la légitimité se réduit donc à la mission dont l'humanité charge tel ou tel gouvernement et à la déclaration formelle de ce mandat par le suffrage national. Éclairez maintenant des rayons de cette simple formule les perspectives les plus lointaines de l'histoire, et les moyens de constatation de sa certitude vont surgir de toutes parts.

Tacite nous apprend que les Germains avaient deux pouvoirs suprêmes : le roi et un chef de guerre. L'un et l'autre étaient soumis au choix. Le premier était élu parmi les plus nobles, le second parmi les plus vaillants. *Reges ex nobilitate, Duces ex virtute sumunt.*

Comme les empereurs romains avaient le préfet du palais, *prefectum aulæ, magister palatii*, il arriva que ces deux institutions se confondirent en une seule ; telle est l'origine des maires du palais. Puis les maires carlovingiens ayant supplanté les rois mérovingiens, la mairie se confondit avec la royauté par une seule et même élection.

L'élection, le choix, sont donc le signe caractéristique de la formation des pouvoirs et de leur légitimité. Un légitimiste, qui fut un écrivain illustre et l'une des plus hautes gloires politiques et littéraires de la France, M. de Chateaubriand, s'exprime ainsi à propos de l'avénement de Pepin : « Traiter d'usurpation l'avénement de Pepin à la couronne, « c'est un de ces mensonges historiques qui deviennent « des vérités à force d'être redits. Il n'y a point d'usurpa- « tion là où la monarchie est élective, on l'a déjà remar- « qué, c'est l'hérédité qui, dans ce cas, est une usurpation. « Pepin fut élu de l'avis et du consentement de tous les « Francs. Ce sont les paroles du premier continuateur de « Freigher (cap. XII). Le pape Zacharie, consulté par Pepin, « eut raison de répondre : Il me paraît bon et utile que « celui-là soit roi qui, sans en avoir le nom, en a la puis- « sance ; de préférence à celui qui, portant le nom de roi, « n'en garde pas l'autorité. » (Chateaubriand, *Études historiques.*)

On sait que les ducs d'Aquitaine refusèrent assez longtemps de se soumettre à Pepin. Nous les voyons jusque sous la troisième race renier Hugues Capet et dater les actes publics ; *Rege terreno deficiente, Christo regnante.*

S'il est établi en principe et en fait qu'un gouvernement sanctionné par l'élection est légitime, les partisans des Bourbons ont donc formulé une injure et non un argument en traitant d'usurpateur le chef de la quatrième dynastie, puisque ce chef, comme ceux des trois dynasties précédentes, avait reçu le mandat monarchique par le suffrage de la nation. Il est intéressant d'entendre à ce sujet le chef même de la quatrième dynastie. Sa théorie, claire et précise comme le génie même de sa race, renverse avec l'autorité de sa puissante raison les arguties des partisans de la dynastie déchue. Avec autant de logique que de bon sens, il constate la légitimité de la République française, comprenant bien que si la République n'avait pas eu de caractère légitime les droits de la troisième dynastie demeuraient intacts, et la quatrième dynastie ne pouvait exister que par une interruption du droit légitime et demeurait entachée d'un vice originel qui formait la pierre d'attente d'un procès permanent devant les contemporains et devant les générations futures.

« Le procès de la troisième dynastie était terminé « en 1800, dit Napoléon Ier, tout comme ceux de la pre- « mière et de la seconde. Les titres et les droits des mé- « rovingiens furent éteints par les titres et les droits des « carlovingiens. Les titres et les droits des carlovingiens « furent éteints par les titres et les droits des capétiens, « tout comme les titres et les droits des capétiens, furent « éteints par les titres et les droits de la République. « Tout gouvernement légitime éteint les droits et la légi- « timité des droits qui l'ont précédé. La République a « donc été un gouvernement de fait et de droit, légitimé « par la volonté de la nation, sanctionné par l'Église et par « l'adhésion de l'univers. » (*Mémorial de Sainte-Hélène.*)

Napoléon Ier comprit donc que la République, forme première de la Révolution, c'est-à-dire de l'avénement de la démocratie, était la pierre d'assise de la dynastie dont il devenait le fondateur. Il montrait par là qu'il avait une profonde conscience de son mandat. Il sentait que la nation l'élevait au trône en vue de consolider les intérêts nouveaux; il comprenait que ces intérêts étaient assez vastes pour comporter dans l'histoire une série de règnes appliqués à leur consolidation et au développement des germes qu'ils contenaient. Chose digne de remarque et qui frappera vivement les esprits impartiaux, cette condamnation du passé et ce développement infini de la Révolution et de ses principes, affirmés par Napoléon Ier, l'étaient également par un des plus ardents adversaires de la Révolution française et de la dynastie sortie de ses flancs.

Le comte J. de Maistre déclarait, dans un Mémoire au roi de Sardaigne, que, s'il y a quelque chose d'évident, c'est l'immense base de la Révolution qui n'a d'autres bornes que le monde. Il ajoutait que la Révolution ne peut point finir par un retour à l'ancien état de choses qui paraît impossible, et il ne voyait rien qui annonçât la fin de la Révolution, vu que la durée est proportionnelle à la masse des éléments mis en fermentation, et à la grandeur des effets qui doivent en résulter. (*Mémoires et correspondance* de J. de Maistre, page 360.)

On conçoit, par ce qui précède, le caractère spécial de la quatrième dynastie; on se rend compte de sa puissance gouvernementale et progressive, puisqu'elle a, par son rôle de médiatrice, le moyen de se montrer fidèle à la Révolution dont elle est issue et, en même temps, au dépôt de conservation sociale qui lui a été confié. Elle peut donc, tour à tour, agir révolutionnairement contre ce qu'il importe de modifier, et conservatoirement à l'égard de ce qu'il faut maintenir contre l'utopie.

Si l'on ajoute à l'esquisse de ces traits principaux, auxquels on peut reconnaître l'existence d'une dynastie, la légende du grand homme et l'épopée nationale des guerres du premier Empire, on pourra constater dans la physionomie politique et historique de la quatrième dynastie, cet achèvement auquel on reconnaît les œuvres durables de l'humanité.

VIII

On vient d'établir comment la quatrième dynastie se classe dans le développement historique de la civilisation française, il convient d'examiner maintenant quels obstacles sa politique, à la fois conservatrice et révolutionnaire, rencontre dans l'ordre des idées. Cet examen nous conduira naturellement à étudier les obstacles qu'elle rencontre dans l'ordre des faits, et nous pourrons ainsi ramener les questions actuelles au criterium des principes exprimés plus haut.

Dans l'ordre des idées, la politique progressive de l'Empire se heurte contre la force des préjugés, contre l'absolutisme des partis vaincus, contre une foule d'assertions dogmatiques, de fausses doctrines qui se posent sans examen et qui, par conséquent, font appel aux passions.

Les légitimistes, par exemple, n'admettent pas qu'on discute et qu'on examine les droits de la troisième dynastie. Et comme ils ont fait alliance avec les éléments contre-révolutionnaires, personnifiés dans le Saint-Siége et la maison d'Autriche, ils n'admettent pas davantage qu'on discute la question du pouvoir temporel et celle de la reconstitution des nationalités absorbées par l'empire d'Autriche.

Quant aux révolutionnaires, par des raisons diamétralement opposées, ils n'admettent, sur ces mêmes questions, aucune espèce d'examen.

Les légitimistes les plus constants se retranchent dans le *non possumus* du droit divin.

Les révolutionnaires les plus purs ont aussi leur *non possumus*. Ils n'entendent pas qu'on discute les nationalités, ni le pouvoir temporel, ni quoi que ce soit qui se heurte à leurs *articles de foi*.

Selon ces braves gens, l'humanité, jusqu'en 1793, a vécu dans une suite d'erreurs fomentées par les pontifes et par les rois. A leurs yeux tout fondateur de religion est un imposteur et « le premier qui fut roi, fut un soldat heureux. »

Les bas-fonds de la démocratie vivent encore là-dessus.

Ils oublient que si l'humanité avait fait fausse route, aucune loi supérieure n'aurait présidé à son développement. Et, sans entrer dans une analyse que ne comporteraient pas la nature et l'étendue de cet écrit, on comprend que si la nature, qui est sans conscience, se développe par des lois, il serait absurde de supposer que l'humanité, en qui réside la pensée, se développât sans ordre ni raison. L'homme sent qu'il doit exister un ordre dans l'humanité, comme il existe un ordre dans la nature, et que la racine de cet ordre est une.

C'est pourquoi nous sommes amenés à considérer les institutions religieuses et les institutions politiques comme les instruments de l'éducation du genre humain, instruments perfectibles et par conséquents muables.

Deux familles d'esprits sont les ennemis de la religion actuelle.

Les uns, dont nous parlions plus haut, partant du principe voltairien que toute religion est une imposture, en demandent l'abolition.

Les autres, qui entendent mal le progrès religieux, aspirent à remplacer le catholicisme, cette grande inspiration des siècles, par leur petite utopie de vicaire savoyard, de culte de la raison, de théophilanthropie, de néo-druidisme, etc., etc.

Nous saisissons cette occasion qui nous est offerte de dire que nous nous séparons aussi absolument de ces mystagogues que des légitimistes et des révolutionnaires purs.

Nous considérons encore aujourd'hui le catholicisme comme un grand instrument moral et éducateur.

Il n'y a pas d'ailleurs de fondateur de religions dans le sens qu'y attachent les voltairiens et les démagogues ; il n'y a pas d'homme qui tire une religion tout armée de sa tête, comme Jupiter tira Minerve de son cerveau, et qui l'impose aux masses; mais il y a des génies supérieurs auxquels il est donné de condenser l'enthousiasme d'une société entière et d'en émettre la synthèse.

Cet hommage rendu au catholicisme, il convient de rendre à la liberté humaine et à la conscience publique la part de reconnaissance qui leur est due. Ce sont elles qui par leurs efforts, par un travail constant, adoucissent les formes primitives et rudimentaires du dogme pour mieux l'adapter aux besoins des sociétés nouvelles.

Nous avons trop de sincérité pour dissimuler les obstacles que rencontre l'autorité cléricale lorsqu'elle veut imposer littéralement le dogme à l'esprit philosophique. De Maistre lui-même s'y est refusé. (Voir le neuvième entretien des *Soirées de Saint-Pétersbourg.*) Tout grand esprit qu'on voudra mettre en cellule dans le symbole s'en échappera : ainsi fit Lamennais.

Le Christianisme nous est donné par une longue suite de générations. Nous nous séparons aussi bien de ceux qui veulent le remplacer que de ceux qui veulent en faire un obstacle au *Progrès :* à nos yeux, ce culte est destiné à préparer la spiritualisation générale de l'humanité et l'anoblissement progressif des facultés de l'âme.

En l'acceptant au point de vue historique, nous suivons le grand mouvement scientifique qui s'accomplit dans la sphère religieuse, mouvement qui soumet la légende chrétienne à l'analyse comme tout autre objet de la pensée humaine.

Là nous sommes évidemment dans la voie révolutionnaire et nous souhaitons que la quatrième dynastie, au lieu de suivre les errements de son chef, qui manifesta dès le consulat une horreur instinctive de la philosophie, ouvre une large carrière à cet ordre d'idées, afin que d'orgueilleux prélats ne puissent pas dire à cette dynastie, à propos des conflits avec le Saint-Siége : Celui qui touchera à cette pierre se brisera.

Il faut que la libre pensée rencontre dans les lois les mêmes garanties que celles que l'État accorde aux cultes.

Il ne s'agit pas de chasser les Papes de Rome, de les exiler, de les protéger, de signer avec eux des concordats, pour vaincre les résistances du clergé. On ne dissipe pas le brouillard à coups de hache, mais avec des rayons de soleil.

Le jour où Napoléon Ier articula avec mépris le mot idéologue, il perdit contre la coalition du droit divin et du clergé un puissant instrument de lutte, le seul en réalité dont on puisse user contre la politique cléricale : l'examen philosophique.

IX

Ce qui, une première fois, a été une des plus redoutables causes qui ont arrêté la quatrième dynastie à son origine, se représente et devait infailliblement se présenter avec la même hostilité en face de la restauration impériale. En effet, le développement historique de la civilisation française, qui constitue, ainsi qu'on l'a dit, la raison d'être de la quatrième dynastie, se heurte, dans l'ordre des faits, à la question internationale.

Or, la question internationale est la mère du conflit religieux auquel nous assistons, et qu'il n'était pas possible d'éviter.

Une réaction logique et légitime contre les traités de 1815 devait amener ce conflit. La France voulant reprendre en Europe son rang et son influence, devait les sauvegarder en Orient et en Italie.

Mais, si le conflit religieux était inévitable, nous croyons que les hommes d'État du second Empire n'ont pas pris dans la lutte le langage qui convenait à leur situation. Sur ce point, nous nous séparons d'eux par cette raison qu'ils ont tout simplement amené la question dans une impasse et créé l'impossibilité de s'entendre.

Ils ont commis la faute énorme de prendre un langage qui ne leur appartenait pas.

Il eût été nécessaire, au contraire, d'abandonner dans toutes les polémiques suscitées par le mouvement italien, des idées et un langage conventionnels. Pourquoi des hommes d'État parleraient-ils comme des évêques dissidents, si ce qui les sépare de l'épiscopat et de la cour de Rome est plus qu'une nuance ou une différence ?

L'état de l'esprit public que nos mœurs expriment visiblement, autorise l'hypothèse que ceux qui défendent la politique impériale, en butte aux attaques des évêques, pensent comme des laïques et nullement comme des prêtres.

Or, en matière religieuse, le point de vue laïque est en opposition avec le point de vue clérical. Ceux qui se placent au premier considèrent la religion comme un symbole révélateur de la loi progressive ; ils pressent le symbole pour en faire sortir l'interprétation qui, à son tour, doit révéler une philosophie. Ceux qui se placent au second prennent le symbole au pied de la lettre ; ils le posent comme un fait permanent.

Il résulte de là que les adversaires qui sont en présence ne sauraient se rendre sur le même terrain.

L'homme d'État, placé au point de vue de l'esprit moderne, admet la nécessité d'une transformation religieuse, et, par conséquent, il ne voit rien d'absolument immuable dans les institutions cléricales.

Le prêtre, au contraire, établissant en fait l'immuabilité du dogme et de l'institution, repousse l'interprétation.

Cependant, tandis que le cercle où s'agite le clergé se resserre tous les jours davantage, la sphère où l'homme d'État peut se placer pour défendre la politique impériale s'étend de proche en proche et arrivera bientôt à embrasser la société tout entière.

Pourquoi donc l'homme d'État, défenseur de la politique progressive du gouvernement impérial, ne mettrait-il pas son langage en harmonie avec les idées du jour ? Fort de l'appui de la conscience publique, il peut dire à l'évêque : Je représente l'idée du présent, vous celle du passé. Vous dites que je me trompe, dans ce cas, c'est l'humanité qui se trompe avec moi,—ce qui est pour nous inadmissible ;— seulement, ce que nous appelons progrès, vous l'appelez dépravation. Constatons cette divergence, et séparons-nous. La constater, d'ailleurs, c'est signaler la raison fondamentale de la séparation de l'État et de l'Église, du pouvoir ecclésiastique et du pouvoir laïque. D'après vous, c'est hors de l'Église catholique ; d'après nous, c'est hors du progrès qu'il n'est point de salut. Nous comprenons autrement que vous l'unité absolue et immuable de la vie divine qui anime la nature et l'humanité. D'après vous, cette vie s'identifie ici-bas avec l'institution catholique et la souveraineté temporelle de la Papauté, qui la résume et qui se trouve ainsi rattachée au principe immuable et absolu. D'après nous, Dieu se manifeste éternellement dans la conscience sous des formes de plus en plus adéquates à son idée ; tout progresse donc, même la religion, même l'institution religieuse. Aussi chaque forme religieuse enfante des civilisations, inspire les croyants, suscite les chefs-d'œuvre, anime les nations, surmonte tous les obstacles. C'est pourquoi il a fallu que la Papauté et le Saint-Empire apostolique subissent l'établissement légal de la réforme. Cette réforme a enfanté à son tour une philosophie, et, à notre sens, il est aussi peu raisonnable de maudire ces faits que de maudire les inventions scientifiques, ou la mémoire de Galilée que la cour de Rome voulait torturer.

Cette franchise eût été préférable au langage qui a été

tenu. Toutes les fois que l'homme d'État laïque prendra le langage d'un évêque dissident, il sera toujours aisément battu par les prêtres et pris au trébuchet de la dialectique de l'Église.

Nous n'examinerons pas actuellement la situation politique de l'Empire vis-à-vis de l'épiscopat romain ; nous n'analyserons pas non plus les prétentions du Saint-Siége. Ce n'est pas là ce que nous avons voulu entreprendre aujourd'hui.

X

Ce que nous avons voulu, c'est établir d'abord un criterium de discussion et chercher des éléments d'ordre et d'unité au milieu du trouble qui règne aujourd'hui en France, dans le domaine des idées et de la polémique.

Ce criterium, nous l'avons caractérisé par quelques formules empruntées à la philosophie de l'histoire, et desquelles il résulte que la civilisation n'est que le développement de la pensée qui se dégage des sociétés primitives, en passant par des transformations successives — l'homme est auto-didacte, il s'instruit lui-même ;

Que les institutions civiles et religieuses sont des instruments de civilisation perfectibles ;

Que le progrès s'accomplit par l'emploi alternatif des moyens conservateurs et des moyens révolutionnaires.

Ce petit nombre de formules suffit pour indiquer notre méthode de discussion. Nous avons à peine besoin de faire observer combien elle est différente de la méthode éclectique, puisque celle-ci a la prétention de faire la part de tous, et que nous avons, au contraire, marqué avec soin les points principaux qui nous séparent des anciens partis et des hommes d'État du régime actuel. Nous avons constaté franchement les oppositions, tracé le plan d'une politique sans équivoque, éliminant ce qui doit être éliminé, produisant hautement les principes nouveaux, prenant notre exemple sur le travail même de la nature, qui fait de deux corps simples un corps composé, dans lequel sont complétement absorbés les éléments intégrants.

On a vu comment cette doctrine trouve sa confirmation dans le plan général de l'histoire et dans le plan particulier de l'histoire de France, et par quel enchaînement naturel et simple nous avons été amené à examiner de quelle manière la quatrième dynastie intervenait dans le développement de la civilisation française. Peut-être s'étonnera-t-on de tant de précautions. Que le lecteur daigne n'y voir que la marque d'un profond respect pour sa conscience et son intelligence en même temps que l'immense désir de jeter un peu de clarté sur une des situations les plus complexes qui se soient offertes aux yeux des contemporains.

Sous le règne de Louis-Philippe, une école célèbre donna de la Charte une libre interprétation, balança les partis les uns par les autres, tout en restant indépendante des Cabinets. Nous n'avons rien de commun avec cette école par les doctrines, mais on a pu voir que, par une rencontre singulière, nos principes et notre méthode de discussion se placent précisément dans une situation analogue vis-à-vis du gouvernement et des partis.

Notre premier soin, en nous proposant pour but d'examiner les questions actuelles, devait être de nous demander si la quatrième dynastie était un accident historique ou un gouvernement légitime, et cette légitimité étant constatée autant que faire se peut dans un genre d'écrit où l'on ne fait qu'effleurer les matières, nous avions à indiquer les antithèses au milieu desquelles cette dynastie est placée.

Devant le travailleur, le champ.

Il est vaste comme le monde! car si, de l'antithèse de l'Église et de l'État nous passions à celles de l'État et des nationalités, de l'individu et de la société, des facultés et des pensées dans l'individu, et enfin à l'antithèse suprême de la liberté et de l'autorité, toute la série des faits contemporains défilerait sur cette trame. Et, comme à chaque série d'antithèses, dans la doctrine d'une politique à la fois conservatrice et révolutionnaire qu'on vient d'esquisser, correspond une série de médiations successives, on peut se faire une idée de la tâche colossale qui s'offre au génie et à l'activité de la quatrième dynastie.

Les deux premiers problèmes qui se présentent devant elle sont la question des nationalités et celle du pouvoir temporel, qui en est la conséquence : elles feront l'objet de deux prochaines publications. Mais comme à nos yeux, l'ordre moral l'emporte sur l'ordre chronologique, nous examinerons d'abord la question romaine.

Nous n'aurons plus désormais à revenir sur des points de doctrine : ce qui précède aura suffi, nous l'espérons, pour *prendre langue* avec le lecteur.

FIN

www.ingramcontent.com/pod-product-compliance
Lightning Source LLC
LaVergne TN
LVHW020303230826
846091LV00006B/2509

9782012977136